Madame
Poipoi

Monsieur
Henri

Gino
Marto

Rémi
Lepoivre

Adrien
Dubouchon

Méla
Lar

Tom-Tom et Nana

Ça va chauffer !

Scénario : Jacqueline Cohen, Evelyne Reberg.

Dessins : Bernadette Després • Couleurs : Catherine Legrand.

Marie-Lou
Dubouchon

Yvonne
Dubouchon

Nana
Dubouchon

Tom-Tom
Dubouchon

© Bayard Éditions / *J'aime Lire,* 1992
© Bayard Éditions, 2001
ISBN : 978-2-7470-1393-2
Dépôt légal : janvier 2004
Droits de reproduction réservés pour tous pays
Toute reproduction, même partielle, interdite
Imprimé en France par Pollina - L64965B
Tom-Tom et Nana sont des personnages créés par
J. Cohen, E. Reberg, B. Després et C. Viansson-Ponté

Panique à midi

6

Tom-Tom et Nana : ça va chauffer !

Et fichez-moi toute cette mangeaille par la fenêtre !...

... Moi, je vais me jeter du premier étage !!!

NON!

CLAAC!

BON APPÉTIT Amis de la Bonne Bouffe

Vous êtes vraiment sûr qu'ils ne viendront pas ?!

Oh, là, là ! Je ne l'ai jamais vu dans cet état !

(172-3)

Tom-Tom et Nana : ça va chauffer !

Tom-Tom et Nana : ça va chauffer !

Tom-Tom et Nana : ça va chauffer !

172-9

Les invités sont culottés

Les autres vont avoir des super trucs!

Et nous on sera nuls, comme d'habitude!

Habillez vous en prince et en princesse!

Ah, non!

On n'est pas des nounouilles!

Eh bien, débrouillez vous! Et n'oubliez pas que vous êtes invités à 3 heures!

CLAC!

J'ai une idée! On va se déguiser en rocker!

Ouiiiiiiii!

Il y a tout ce qu'il faut dans la chambre de Marie-Lou!

Entrée INTERDITE aux morveux, aux mioches et aux moutards

Entrée INTERDITE aux morveux, aux mioches et aux moutards

Je n'entends rien, elle n'est pas là!

Tom-Tom et Nana : ça va chauffer !

Sus à l'armoire !

Vous ne savez pas lire ?... Dehors !!

Euh...

Excuse-nous ! On s'est trompé de porte !

Il y a sûrement un moyen de la faire sortir...

Je vais lui faire le coup du téléphone !

Marie-Lou ! Téléphone ! C'est pour toi !

Vite ! C'est ton chéri !

Ah ?!?

Tom-Tom et Nana : ça va chauffer !

Voilà le sac et le porte-monnaie !

Moi, j'ai préparé une liste gratinée !

Elle va valdinguer dans tout le Super-marché !

Hi ! Hi !

Marie-Lou ! Ouvre ! C'est urgent !

Quoi ?

BOUM !
BOUM !

BOUM !

Les parents veulent que tu fonces acheter ça !

Grouille-toi, ils sont très énervés !

C'est toujours sur moi que ça tombe !

19

Tom-Tom et Nana : ça va chauffer !

Des talons hauts !

Mon rêve !

Des santiags !... C'est vraiment mon style ! La classe !

Waouh ! Qu'est-ce qu'on en jette !

Hé, Johnny, on se maquille ?!

Pendant ce temps...

Qu'est-ce que c'est que cette liste ?

Dix clous, du gros sel fin, une brosse à dents, un oeuf et demi...???

Ça sent le coup monté !...

(182-7)

Tom-Tom et Nana : ça va chauffer !

23

(182-9)

Poubélia et Cochonius

... D'abord vous n'avez pas d'autre solution!

Si, monsieur papa! Nous allons au Palace-Hôtel de Bijou-Plage!

HEIN?!

Parce qu'on va gagner le concours

Montrez-moi ça!

NOUS VOULONS UNE VILLE PROPRE

Grand Concours organisé par la mairie

ART et NETTOYAGE

Faites du beau avec du moche!

1er prix: Un séjour au Palace-Hôtel

Remise PRIX

Et où est-elle votre œuvre d'art?

Elle est encore là-dedans!

TOC-TOC

Mais dans cinq minutes, elle sera prête!

Tu peux annuler pour tante Roberte!

Tom-Tom et Nana : ça va chauffer !

C'est pas compliqué. Il faut ramasser ce qui traîne...

J'ai une idée **grandiose** !

Oh ! Une saleté qui flotte...

Je vois une statue immense : la déesse de la propreté !

Zut ! C'est parti !

Alors... pour la faire il nous faudrait...

Tiens ! Voilà une capsule de bouteille !

Et un clou !... Ça ne suffira pas !

C'est bizarre, on ne trouve rien...

On dirait que quelqu'un est déjà passé par là !

27

162-7

462-9

Palace Hôtel

Tom-Tom et Nana : ça va chauffer !

163-3

...Et ne faites pas de saletés!

Ah! Vous êtes les gagnants du concours "Art et Nettoyage"!

Oui! Oui!

Nous vous avons réservé la Suite Royale! C'est au troisième étage!

Par ici, s'il vous plaît!

WAOUH! Je rêêêve!

Chut!

Tom-Tom et Nana : ça va chauffer !

... Et de quoi vous instruire!

HIC!

Mmm! "Guide complet de la région"

On a même un distributeur de glaces!

GLACES

Patientez un peu! Je prépare la liste de nos activités d'aujourd'hui!

WAAH! Des boissons fraîches à volonté!

ORANGE COCA

... Nous commencerons par... le Musée de la Betterave!

LA PASSION DES Régions

Va dans la chambre, je te téléphone!

Tom-Tom et Nana : ca va chauffer !

Allô! Ici la princesse Nana de Belamour de Boijoli...

Reviens vite, andouille!

...Ensuite, nous irons voir une fabrique de boutons!

Regarde ça!... Tiens? "Balançoire"... "Vibrations"...

...Et puis nous irons visiter les ruines gallo-romaines...

J'appuie, on verra bien...

HÉ, LÀ!

Oh!

(463-7)

Ces gadgets sont lamentables! Stupides! Bêtifiants!

Prenez vos casquettes, vos lunettes, vos mouchoirs et vos anoraks!!

PAF!

On s'en va! On a mille choses à faire!

Non mais! Ça suffit les bêtises!

Pfff... Quelle barbe! On s'amusait bien ici!

Tante Roberte! On est prêts!

CLIC!

Mais qu'est-ce qu'elle fabrique?

Tante Roberte! Tu viens?

Glou!

Glou!

463-9

La belle vie de bébé

47

173-3

Tom-Tom et Nana : ça va chauffer !

Vive la reine

Tom-Tom et Nana : ça va chauffer !

Regardez tout ce qu'on a encore à visiter !...

...le Big Ben !...

CLIC !

Berk !

... L'Abbaye de Westminster !...

CLIC !

Beuh !

...Le musée de cire "Madame Tussaud" !...

CLIC !

Bof !

... Le London Dungeon !

CLIC !

Baah !

Allez-y, si ça vous amuse !...

...Nous d'abord on a mal aux pieds !

Qu'est-ce qu'on fait ? On les laisse ?

127-3

* oui ! oui ! Mon chien !

(127-10)

Petits dadas et gros dégâts

Tom-Tom et Nana : ça va chauffer !

Qu'est-ce que vous avez à vous étriper comme ça?

Et juste au moment où on est débordé.

Vous le faites exprès!

Mais non!

On s'embête! On n'a rien à faire!

Comment ça, rien à faire?

La télé est en panne!

Vous ne l'avez même pas fait réparer!

Et alors! Y a pas que la télé sur la terre!

70

(181-7)

Tom-Tom et Nana : ça va chauffer !

Là ! Sous la table de toilette !

Rien que des fanfreluches ! Regarde un peu derrière le radiateur...

Aïe !

Zut ! Je me suis entaillé la main !

Ça saigne !!

J'en ai assez ! J'abandonne !

Pas question ! Ils auront leurs dés !... Et une bonne gifle avec !!

File à la cave ! Moi, je monte au grenier !

À l'eau le Père Noël !

On a joué au coiffeur et à l'esthéticienne!

On dirait deux cochons sortant de la gadoue!

Et tante Roberte qui vous attend depuis une heure!

Oh, non!

C'est pas vrai!

Elle vous a apporté ses cadeaux de Noël!

Ah bon?

Où est-elle?

Je ne sais pas, mais si elle vous voit comme ça, vous n'aurez rien du tout!

Tom-Tom et Nana : ça va chauffer !

Allez vous laver ! Vous êtes la honte de la maison !

Pfff !... Qu'est-ce qu'il ne faut pas faire pour avoir des cadeaux !

PING !

Moi, je me donnerai juste un coup de peigne !

Moi, je me mouillerai juste le bout des doigts !

On n'est même pas sales, d'abord !

Hé ! Y a du bruit dans la salle de bain !

Ooooh !

Qui... qui... qui êtes-vous ?

Tom-Tom et Nana : ça va chauffer !

Et même une petite brosse pour se nettoyer entre les doigts de pieds...

Scratch, scratch !

Des coton-tiges pour les oreilles...

Vrrrt, vrrrt, vrrrt !

Ouille !

Des ciseaux et des limes à ongles...

Sriiiish, sriiish !

Des gants de crin pour se décaper la peau...

Merci beaucoup tante Roberte !

Tu peux ranger tout ça dans un coin !

Hep ! Attendez, je veux vous voir jouer avec mes beaux cadeaux !

Tom-Tom et Nana : ça va chauffer !

Deuxièmement, on se déshabille ! Tournez-vous les enfants !

Troisièmement, on se met à tremper !

glou, glou, glou...

Ah ? Très intéressant !

Quatrièmement, on se bouche le nez et on plonge sous l'eau !

Et hop ! C'est le moment de filer !

Chut !

glou, glou, glou...

Avec nos bons voeux

Vous avez envoyé votre carte de voeux à tante Roberte?

Euh... Ben, non!

Je vous ai demandé ça dix fois...

On a déjà écrit l'année dernière!

J'peux pas écrire, moi, j'ai mal au poignet!

Au travail! Simon, vous serez privés de télé pendant huit jours!

C'est quand-même un monde! Tante Roberte qui vous a tellement gâtés à Noël!

Tu parles...

...Elle nous a offert des trousses de toilette!

Tom-Tom et Nana : ça va chauffer !

Je ne sais pas quoi mettre !

Bon sang, c'est pas la mer à boire ! "Meilleurs voeux pour l'année nouvelle !"

...Cinq mots !! Mais c'est beaucoup trop !

J'abrège... V.P.A ? Qu'est ce que ça veut dire ?

"Voeux Pour l'Année", pardi !

Ça y est !

Ah !

Vous vous fichez de moi !...

...Privés de télé pendant un mois !

SCKRICH!

89

180-5

Tom-Tom et Nana : ça va chauffer !

On pourrait au moins la photographier !

J'ai une meilleure idée... Si on la photocopiait !!

Allez, ça ne coûte rien !

Bon, bon !

POSTES TELECOMMUNICATIONS

PTT

Un, deux, trois... j'appuie sur le bouton !

... Feu !

Qu'est-ce qui se passe ? Ça ne sort pas !

B.BRRGL...

91

(180.7)

Tom-Tom et Nana : ça va chauffer !

Elle est géniale cette machine !

PAPIER

Oh, c'est tout clair !

BRGGLLGBll!

Et là, c'est tout foncé !

BLAM!

BRGGLLGBll!

Ho là ! Qu'est-ce que c'est que ce massacre ?

Vous avez mis combien de pièces ?

BPLOF!

Euh... Une !

PIÈCE 1F

Et vous avez fait combien de photocopies ?

93

Tom-Tom et Nana

T'es zinzin si t'en rates un !

 ☐ N° 1

 ☐ N° 2

 ☐ N° 3

 ☐ N° 4

 ☐ N° 5

 ☐ N° 6

 ☐ N° 7

 ☐ N° 8

 ☐ N° 9

 ☐ N° 10

 ☐ N° 11

 ☐ N° 12

 ☐ N° 13

 ☐ N° 14

 ☐ N° 15

 ☐ N° 16

 ☐ N° 17

 ☐ N° 18

 ☐ N° 19

 ☐ N° 20

 ☐ N° 21

 ☐ N° 22

 ☐ N° 23

 ☐ N° 24

 ☐ N° 25

 ☐ N° 26

 ☐ N° 27

 ☐ N° 28

 ☐ N° 29

 ☐ N° 30

☐ N° 31

 ☐ N° 32

☐ N° 33

 ☐ N° 3